Joseph Zapf   Rosina Zipperle

Geheimnis der Verwandlung

Gewidmet
der Rosa Mystica

vianova

Verlag Via Nova

1. Auflage 1990

Ausstattung und Typografie: Hans Dieter Bittner, Fulda
Satz, Druck und Verarbeitung: Fleischmann Druck, Fulda
ISBN 3-9801787-8-1

Inhaltsverzeichnis

Einführung

Welches Anliegen haben wir?

Wir möchten in Wort und Bild
auf den Prozeß existentieller Verwandlung hinweisen.
Läuterung, Erleuchtung und Einigung sind seine Entwicklungsstufen
in allen spirituellen Traditionen.
In unserer Gegenwart, voller Gärung und Umbrüche, gilt es,
Altes und Neues durch Verwandlung kreativ zu verbinden.
Am Tor zu einer neuen Zeit trägt jeder dafür Verantwortung.

Was erhoffen wir?

Durch meditative Besinnung versuchen wir,
den existentiellen Verwandlungsprozeß zu intensivieren.
Die Texte sollen anregen, klären, ermutigen.
Ihre dichte Sprache lädt ein zum Verweilen.
Die Worte weisen hin auf den Lichtgrund in uns.
Die Bilder zeigen diesen Lichtgrund durch ihre Transparenz.
Worte und Bilder ergänzen einander wie zwei Hände.

Welche Mißverständnisse möchten wir vermeiden?

Die Texte sind keine Gedichte, sondern Meditationen.
Die gedichtähnliche Form dient der Eindringlichkeit.
Die Bilder sind keine Batiken, sondern „Leinen-Fresken",
gemalt auf feuchtem, grundiertem Leinen.
Näheres zu den Bildern finden Sie am Ende des Buches.

Wem danken wir?

Allen, die uns begleitet haben;
allen, die wir begleiten durften
auf dem Weg gemeinsamer Verwandlung.
„Dankbarkeit ist das Gedächtnis des Herzens".

Gebet

O Gott, Deine Welt ist so wundervoll.

Wenn am Morgen das Licht in schlafende Augen fällt;
wenn der Wind in den Zweigen erwacht, um die Vögel zu wecken;
wenn ein Gebet aufsteigt in einem dankbaren Menschen:
Dann beuge ich stumm mich vor Deiner Erhabenheit.
Deine Stille berührt mir die Stirn
und befreit sie von quälender Sorge.

Wenn ich einst heimfinden darf,
trag ich auf meinen Lippen
den Gruß der ganzen Schöpfung,
Dich zu preisen,
bis die Worte sich wandeln
in Musik, der ich lauschen kann,
eingehüllt in die Wolke Deiner Liebe.

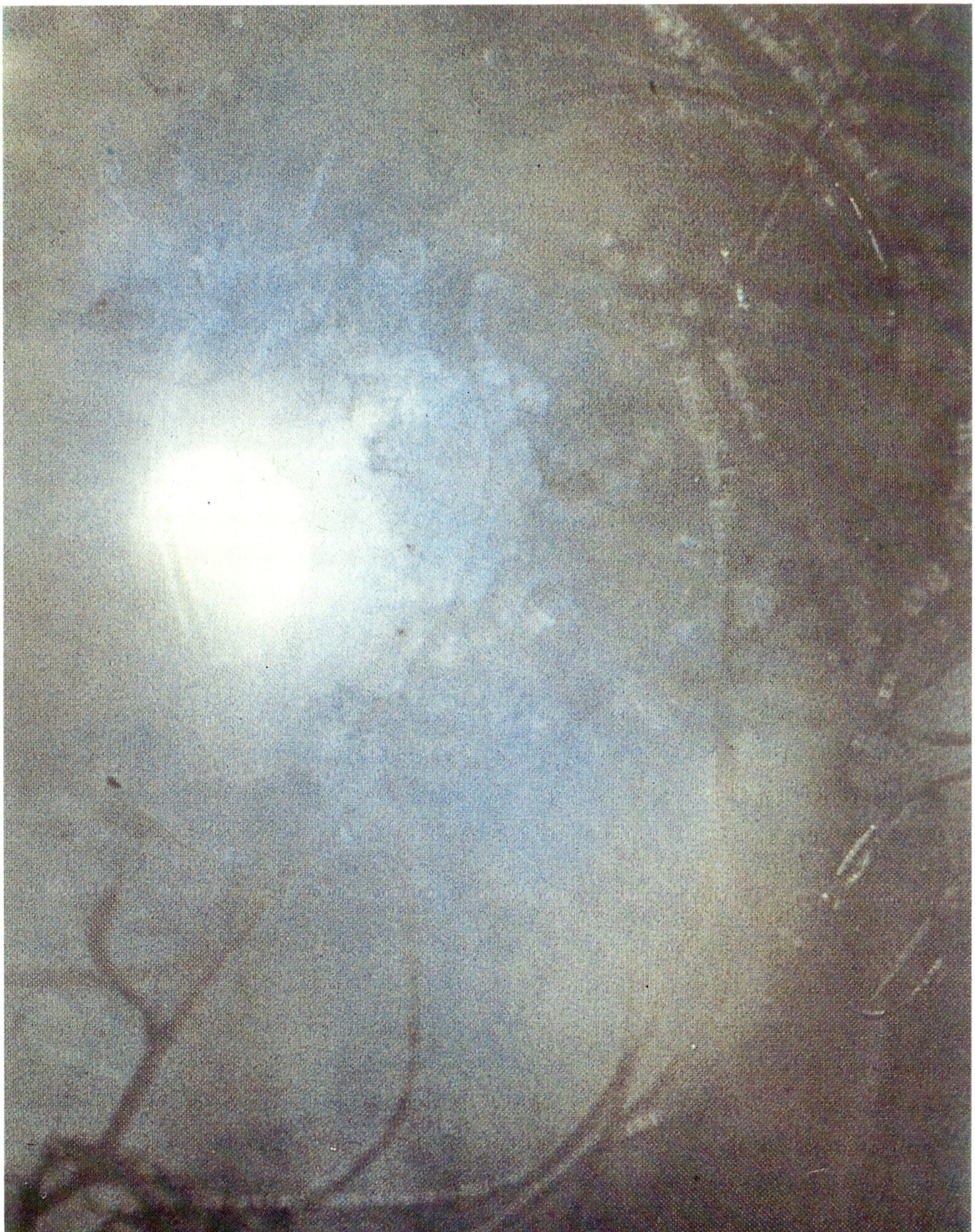

Geheimnis der Verwandlung

Wann sehnen wir uns nach Verwandlung?

Wenn der Leib mehr verlangt als Speise und Trank.
Wenn das Blut die Lieder der Leidenschaft vergißt.
Wenn die Seele aus den Träumen eitler Wünsche erwacht.
Wenn der Geist beginnt, die göttlichen Tiefen zu ahnen.

Warum ist Verwandlung ein Geheimnis?

Sie gleicht der verschlossenen Kammer im eigenen Haus.
Sie ist der verborgene Schatz in der Muschel des Herzens.
Sie ist die Ahnung des Frühlings von der herbstlichen Frucht.
Sie blüht wie das Edelweiß auf den Bergen der Sehnsucht.

Wem entschleiert sich dieses Geheimnis?

Dem Schlüssel, der die verschlossene Kammer öffnet.
Dem Auge, das den verborgenen Schatz entdeckt.
Der Geduld, die alle Mühsal des Reifens aushält.
Dem Mut, der die steilen Wände erklimmt.

Was bereitet uns im Folgenden vor auf die Verwandlung?

Worte der Stille und des Schweigens.
Erinnerungen der Seele und des Herzens.
Bilder des Weges und des erahnten Zieles.
Durchlichtung der Verwandlung und ihres Geheimnisses.

Naturrhythmus

Im Kreislauf des Kosmos
ist unser blauer Planet Erde wie ein Staubkorn.
Angesichts der Unendlichkeit des Raumes
entschwindet dieses Staubkorn dem Blick.
Im Vergleich zur Fülle von Milliarden von Sonnensystemen
fällt diese Erde kaum ins Gewicht.

Das astronomische Auge unserer Sternwarten
folgt der Lichtgeschwindigkeit der Gestirne auf ihrer Flugbahn.
Das astronomische Ohr empfängt Signale
aus einer Reichweite von Milliarden von Lichtjahren.
In solchen Größenordnungen
verschmelzen Raum und Zeit zu *einer* Dimension.
Sie überwölbt als Geheimnis die kleine Erde.

Das Staubkorn Erde ist einbezogen in den Rhythmus der Schöpfung.
Der Rhythmus gehorcht dem Gesetz des Alls.
In wunderbarer Harmonie sind die Sternsysteme aufeinander bezogen.

Auch die Eigenbewegung unserer Erde
ist gerichtet auf eine Mitte außerhalb ihrer Schwerkraft.
Die Erde dreht sich zwar um sich selbst;
sie kreist aber um die Sonne.

Dieser Rhythmus der Natur
ist ein Gleichnis für den Rhythmus menschlichen Daseins.

Auch der Mensch besitzt seine Eigenbewegung.
Seine Sonne liegt aber jenseits seiner selbst.
Freiwillig um sie kreisen zu lernen,
wird zur Aufgabe menschlicher Verwandlung.

Aufbrechendes Leben

In der Hülle des kosmischen Mantels
entfaltet sich auf dem Staubkorn dieser Erde Leben.
Es nährt sich aus der Quelle der Urelemente.
Leben zeugt sich aus zur Vielfalt der Formen
in Pflanze, Tier und Mensch.

Unerschöpflicher Reichtum macht das menschliche Auge trunken.
Schönheit und Pracht dieser Lebenskraft berührt unser Herz.
Verwundert fragt der Verstand das Leben nach seinem Geheimnis.
Sein Wunder weist über sich hinaus.
Wo liegt der verborgene Ursprung?

Wir erfassen den Ursprung
nur in der Lichtbrechung des farbigen Abglanzes.
Ist nicht alles Gleichnis und Symbol?
Wie ist es möglich,
das Größte im Kleinsten wie in einem Spiegel zu schauen?

Leben leuchtet ja auf in der strahlenden Morgenröte.
Leben atmet im Duft der Frühlingsblüte.
Auch im Lächeln des Kindes liegt der Zauber des Neubeginns.
Über Morgenröte, Frühlingsblüte und Kinderlächeln
liegt ein Schleier der Verheißung.
Volles, pralles Leben
ist die Sehnsucht unserer glücklichen Stunden,
ist die Sorge unserer dunklen Tage.

Geglücktes, erfülltes Leben
ist die Frucht von Mühe und Schweiß;
ist zugleich Geschenk aus göttlicher Hand.

Lichtstrahl des Geistes

Der einzelne Mensch gleicht dem Blatt am Baum inmitten des Waldes.
Das Blatt sprοßt im Frühling, trinkt Sonne und Regen im Sommer,
welkt und fällt im Herbst.

Der Lauf der Jahreszeiten versinnbildlicht den Lebenslauf des Menschen.
Es entsprechen sich:
Frühling und Jugend, Sommer und Lebensmitte, Herbst und Alter.
Und doch ist jeder Mensch unendlich kostbar.
In ihm erwacht die Seele zum Wissen um sich selbst.

Die Seele spannt ihre Flügel
und schwingt sich auf aus dem Gebundensein ans Irdische.
Das Geschenk der Freiheit
ist in sie hineingelegt als göttliches Erbe.

Der Lichtstrahl des Geistes
blitzt auf aus dem Urgrund menschlichen Seins.
Im menschlichen Geist
spiegeln sich göttliches Urlicht und irdische Wirklichkeit.

Des Menschen Wesen ist geprägt vom göttlichen Abbild.
Darin liegt seine unverlierbare Würde.
Sie wird nicht erniedrigt durch Not und Armut.
Sie wird nicht geschändet durch Ketten und Kerker.
Selbst eigene Schuld
löscht menschliche Würde nicht aus für immer.
Gnade und Einsicht sprengen alle Fesseln.

Im geisterfüllten Herzen des Menschen
vermählen sich Irdisches und Ewiges zur neuen Schöpfung.
Auch dies ist verborgenes Geheimnis.
Es bedarf vieler Wandlungen,
um dies Geheimnis zu erkennen, um es zu erfahren.

Gesetze des Wechsels

Nicht alles ist offene Zukunft.
Gesetze des Wechsels bestimmen den irdischen Weg.

Im kosmischen Spiel verliert sich die Nacht in den Tag.
Ebbe folgt der Flut. Licht gehört zum Schatten.
Es wechseln Regen und Sonnenschein.

Nicht alle Blüten reifen zur Frucht.
Eiskalte Nächte vernichten die Hoffnung des Frühlings.
Der Reigen des Lebens kennt Höhen und Tiefen.
Das Schwache fällt oft dem Starken zum Opfer.
Gefahr folgt dem Wagnis wie ein Fuß dem andern.
Leben bedeutet Entfaltung und Vernichtung zugleich.

Auch das Menschenleben gleitet hin und her:
zwischen Freude und Leid,
zwischen Liebe und Haß.
Es schwankt der Mensch:
zwischen Hoffnung und Verzweiflung,
zwischen Geborgenheit und Einsamkeit.
Schwer ist es, die Mitte zu halten:
im Getriebe der Welt,
im reißenden Strom des Lebens.
Das Ringen um die lebendige Mitte
bleibt unverzichtbarer Auftrag der Verwandlung.
Es bedarf einer großen Zuversicht
in die tragende Grundkraft des Seins.
Ihr Name heißt: Liebe.
Ihr Schleier heißt: Verborgenheit.

Zweifel

Sitzt im Mark des Lebens nicht insgheim auch der Zweifel?

Zu widersprüchlich erscheint die Oberfläche des Lebens.
Willkür versetzt die Grenzmarken des Rechtes.
List übertölpelt leicht kindliches Zutrauen.
Dreistigkeit erkämpft sich ihren Vorteil.
Lüge verdreht die Wahrheit mit frecher Stirn.
Rohe Gewalt sperrt der Freiheit die Wege.
Heuchelei singt ihre Lieder selbst im Heiligtum.
Mit gespaltener Zunge predigt dort auch die Selbstgerechtigkeit.
Wessen Auge ist scharf genug,
um rechtzeitig Sein und Schein zu unterscheiden?

Viele Menschen kommen unwissend an die Kreuzungen des Lebens.
Sie stehen dort unsicher und ratlos.
Leicht verfällt ihre Verwirrung den Verführern als Beute.
Nicht alle Enttäuschten werden klug aus Erfahrung.
Zu schwer wiegen oft die selbstgeschmiedeten Ketten.
Der Fallen auf dem Weg sind wahrhaft viele.
Wenige Signale warnen vor der Grube.
Überwiegen im Leben die Schatten das Licht?
Ist das Böse stärker als das Gute?
Gleicht unser Leben dem Alptraum eines ohnmächtigen Gottes,
dem die Zügel entglitten sind?
Sind wir Menschen Eintagsfliegen im blinden Spiel des Zufalls?

Schwer wie ein Grabstein liegt der Zweifel auf der Seele.
Er ist Prüfstein ihrer Liebe. Sie muß ringen um Klarheit.
Sie kämpft im Dunkel um den Sinn ihres Weges.

Gebet um Klarheit

Herr, öffne den Kerker aller Zweifel.
Laß mich frei und unabhängig von Meinungen,
gelöst von Erfolg oder Mißfallen Dir anhangen,
mit der leidenschaftlichen Glut des Liebenden.

Laß mich Dein Antlitz ehren in jedem Geschöpf.
Lehre mich jene stolze Demut,
die warten kann,
ohne sich zu verzehren.

Binde mir durch Deine Nähe
alle Sehnsucht nach Erfüllung.
Und laß mich Dir gehören,
immer und ohne Einschränkung.

Schärfe mir den Blick für Dein Wesen,
wenn ich rücklings zur Straße im Dunkeln sitze
und Deinen Schatten vorübergleiten sehe,
ohne Dein Antlitz zu schauen.

Weite mir Sinn und Herz,
daß ich, nicht mehr wundgerieben
vom Alltäglichen, aufatme
und Deine Herrlichkeit preise.

Frage nach dem Sinn

Warum blendet der Glanz der Dinge unser Auge?
Weshalb betäubt der Lärm der Welt unser Ohr?
Greifen unsere Hände nicht zu eilfertig nach Geld und Gut?
Betört das Vergnügen unser Herz
nicht bisweilen gegen dessen eigenes Wollen?
Wie berauschen Macht und Ehre unsere Seele!

Grelle, falsche Lichter machen uns blind.
Folgen wir maßlos den Lockungen der Sinne,
so werden wir taub und stumm.
Unser wahres Wesen bleibt uns verborgen.
Dennoch stirbt in uns nicht die Sehnsucht.
Wo aber findet menschliches Leben sein wahres Ziel?
Leben ist mehr als Nahrung, Kleidung und Wohnung.
Beruf ist mehr als Geldverdienen und Karriere.
Liebe ist mehr als Trieb und Leidenschaft.
Ehe ist mehr als Familienplanung und -gründung.
Kirche ist mehr als System und Institution.
Glaube ist mehr als Zeremonie und Theologie.
Hoffnung ist mehr als Vertröstung aufs Jenseits.
Gott ist mehr als menschliche Weisheit erahnt.

Was treibt uns unaufhaltsam hinaus über alles Erreichte?
Wo kommen wir her?
Wo gehen wir hin?

Einkehr

Unsere Seele hat zwei Augen. Das eine richtet sich nach außen,
das andere Auge schaut nach innen. Blicken wir nur nach außen,
so erblinden wir nach innen. Schauen wir nach innen,
so durchlichtet sich auch der Blick nach außen.

Wir besitzen ein inneres Gehör.
Das innere Ohr kann sich öffnen für die Sprache der Dinge.
Der Lärm unserer Gedanken und Gefühle
macht uns taub für diese Sprache.
Verstummt in uns das Klappern der Gedankenmühle,
so vernehmen wir das tönende Schweigen.
Der Atem der Stille rührt uns an.
Er weitet das Herz und erfüllt es mit Frieden.

Einkehr wird zum beglückenden Erlebnis.
Sie gleicht dem reinigenden Bad, das erfrischt.
Einkehr weckt unseren Hunger nach Echtheit und Wahrheit.
Sie heilt unsere Blindheit und Taubheit.

Wir werden sehend für die Vielschichtigkeit unseres Wesens.
Langsam durchschauen wir das Maskenspiel unserer Selbstsucht.
Immer klarer erkennen wir die Sprünge und Risse unserer Persönlichkeit.

Es verschieben sich unsere Wertmaßstäbe.
Betroffen stehen wir vor dem Sockel unseres Eigendünkels.
Es ringen in uns:
Sehnsucht nach Selbsterkenntnis und
Angst vor dem Schmerz der Entlarvung.

Wird die Sehnsucht siegen?

Selbsterkenntnis

Wer sind wir selbst?

Am Morgen des Lebens träumen wir von der Zukunft.
Schönheit und Kraft, Ehre und Reichtum,
Liebe und Erfüllung, Genuß und langes Leben:
das ist der Inhalt unserer Wünsche.

In der Mitte des Lebens holt uns die Wirklichkeit ein.
Wir erfahren schmerzlich unsere Grenzen.
Illusionen unserer Selbstüberschätzung zerplatzen wie Seifenblasen.
Unsere Wunschträume erscheinen nun wie Nebel,
die uns die harte Wirklichkeit verschleiern.

Im Rückblick erkennen wir unser Versagen als Schatten unserer Ichsucht.
Schuld wird zur Last für einen steinigen Weg.

Immer hellsichtiger wird der Blick.
Immer klarer erkennen wir die Ichsucht als Quelle vielen Leides.
Bitter wird uns die Einsicht:
Egoismus verengt den Blick;
er vereinnahmt Dinge und Menschen.
Egoismus macht einsam und lieblos;
er macht bitter und leer.

Wir aber sind geschaffen für die Menschen,
für die Weite, für die Freiheit, für das Glück.

Welcher Weg führt zu diesem Glück?
Wer zeigt uns die Pfade zu diesem Ziel?

Umkehr

Wegführer zum Ziel gibt es zu allen Zeiten.
Oft bleiben sie Prediger in der Wüste:
unwillig gehört, halb verstanden, als unbequem abgelehnt.

Das Menschenherz ist blind genug, so daß Widersprüche in ihm wohnen,
Wand an Wand.
Es ist töricht genug, um sich zu betrügen.
Es ist unruhig genug, um an sich zu leiden.

Leid öffnet dem Menschen das Auge für die Wahrheit.
Die Zeit verrinnt. Wir können sie nicht aufhalten.
Gesundheit wird von Krankheit verzehrt.
Wir können es oft nicht ändern, nur lindern.
Glück zerbricht wie Glas. Wir dürfen nicht darauf bauen.
Freundschaft verwandelt sich in Feindschaft.
Liebe schlägt um in Haß.

Diese Wechselbäder des Lebens ernüchtern die Träume,
erschüttern die Seele, verändern den Weg.

Leid wird zum Scheidewasser. In ihm trennt sich Gold vom Flitter.

Der Anblick der Wahrheit fordert Entscheidung.
Wen sie überfordert, der scheitert oder erstarrt in Lähmung.

Ängste hemmen, ohne zu erlösen.
Schuld wird nicht bewältigt durch Selbstmitleid oder Selbstrechtfertigung.
Einsicht und Reue befreien.
Umkehr schenkt Neubeginn.
Vernarbte Wunden bleiben.
Sie sind eingefleischte Mahnmale
menschlicher Schwäche und göttlichen Erbarmens.
Sie werden zum Stachel der Läuterung.

Läuterung

Durchlittene Schuld gleicht dem heilsamen Gift. Es wirkt wie Arznei.
Dem Munde schmeckt sie bitter. Der Seele tut sie wohl.
Sie reinigt und läutert.

Der Prozeß der Läuterung wird sinnfällig in verschiedenen Bildern:
Grauer und grüner Star trüben das Augenlicht.
Hoffart und Selbstsucht trüben das Seelenlicht.
Körperzellen beginnen zu wuchern. Es bildet sich Krebs.
Wuchern in der Seele nicht ähnlich zerstörerische Leidenschaften?
Wieviel Krankheiten erzeugt unser Wohlstand.
Nicht weniger zehren am Lebensmark die seelischen Erkrankungen:
das Gift des Neides, die Unrast des Ehrgeizes,
die Wallungen der Wut, die Verschlackung der Faulheit,
die Nebel der Verantwortungslosigkeit, die Lähmung der Feigheit.

Unsere Verfehlungen werden zu unseren Richtern.
Die Folgen der Schuld werden zu unserer Folter.
Sie schneiden und brennen nach dem Gesetz der Gerechtigkeit.

Gott überläßt uns der Torheit des Herzens,
bis wir reif sind für die Stunde,
in der Gnade vor Recht ergeht.

Erzwungene Läuterung heilt mühsam.
Freiwillige Läuterung bedarf wissender Großmut.
Sie strömt uns zu aus der Ahnung unseres Wesens.

Ahnung unseres Wesens

Schwer hat es der Blinde.
Ihm verschließt sich das Farbenspiel des Lebens.
Nur Füße und Hände ertasten die Wirklichkeit.

Solange wir ichverhaftet leben, gleichen wir dem Blinden.
Läuterung befreit uns.
Neues Leben beginnt mit sehenden Augen und hörenden Ohren.

Wir kommen heim zu uns selbst.
Im Hause unseres wahren Wesens
bedürfen wir nicht mehr der bunten Kleider von Ehre und Macht.
Dort zählen nicht mehr Leistung und Beifall der Menge allein.
Der Lärm des Alltags verstummt.
Es glätten sich die Wogen der Gefühle.
Die Unrast des Denkens beruhigt sich.
Unsere Seele wird zum klaren Bergsee.
In ihr spiegeln sich Himmel und Erde.

Als irdischer Mensch leben wir das Gesetz der Fläche.
Als ewiger Mensch leben wir vom Herzschlag Gottes.

Unser Weg spannt sich über die Abgründe von Zeit und Raum.
Wie sehr bedürfen wir der inneren Weite.
Wie hell muß die Nacht unseres irdischen Wanderns werden,
um am vollen Mondlicht die Sonne des ewigen Morgens zu erahnen?
Meist leuchtet am inneren Himmel nur unser eigener Stern.
Nur in „Sternstunden" schauen wir die Pracht des nächtlichen Lichtmeeres.

Einmal geht die Ahnung über in Wissen.
Wenn wir uns wandeln von Herrlichkeit zu Herrlichkeit,
empfängt unser wahres Wesen seine volle Strahlkraft vom Urlicht.

Gesetz des Loslassens

Schwerlich entschließt sich ein Mensch, den Spatz in der Hand freizulassen,
weil eine Taube auf dem Dach ihn anblickt.

Der Spatz ist ein Bild für das kleine ichhafte Glück.
Die Taube gleicht dem größeren Glück unseres wahren Wesens.
Spatz und Taube sind nur im Vergleich aufeinander bezogen.
Ich und Wesen entsprechen sich in Wirklichkeit.
Dieser Bezug erstellt ein neues Gesetz:
Wir gewinnen im Verlieren.

Existentielle Verwandlung führt:
von der Enge des Ich — in die Weite des Selbst;
von der Maßlosigkeit des Ich — in die Wunschlosigkeit des Selbst;
von der Einsamkeit des Ich — in die Stille des Selbst;
von der Verzweiflung des Ich — in die Seligkeit des Selbst.

Eine Weisung erhebt unsere Verwandlung zum Lebensgesetz:
Wo immer wir unseren Egoismus antreffen, sollten wir ihn loslassen.

Kurz ist die Formel. Lang ist der Weg.
Aber wie intensiv ließe das Loslassen uns reifen
zur menschlichen Ganzheit!

Menschliche Ganzheit

Auf sie richtet sich die Sehnsucht nach echter Menschlichkeit.
Menschsein bedeutet Berufung zur Ganzheit.
In ihr findet sie ihren Gradmesser.
Das Vollmaß wird selten verwirklicht.
Schwer und hart sind dessen Vorbedingungen.

Menschliche Ganzheit verlangt den Kampf mit dem eigenen Schatten.
Schatten ist das Bild für alles Verdrängte und Ungelebte.
Es lagert wie Sprengstoff in den Schächten des Unbewußten.
Das Verdrängte gleicht dem Dschungel mit Raubgetier und Hinterhalt.
Furcht und Schrecken sperren den Weg.
Ritterlicher Mut und kühne Entschlossenheit riskieren das Wagnis.

Schwer ist es, im Leben Kopf und Herz zu versöhnen.
Wie selten erblüht dem Manne am Erleben der Frau die eigene Seele.
Wie selten entfaltet sich der Frau am Erleben des Mannes der eigene Geist.

Ganzheit vereint die Spannungspole des Lebens:
Seele und Geist verschmelzen.
Innen wird zum Außen — Außen zum Innen.
Ruhe und Bewegung durchdringen sich.

Der ganzheitliche Mensch lebt aus der offenen Mitte des Seins.

Stille

Wie gut Stille tut.
Das Herz lauscht dem Atem,
entläßt alle Lasten.
Leben gleitet in seinen Frieden.
Erinnerungen verebben.
Weite und Freude nur.
Lebendiges Schweigen füllt
neugewonnenen Raum.
Aus des Schweigens Mitte
bricht Freiheit auf.
Kostbare Stunden....

Selbstbesitz...

Lichtzeichen ursprünglicher Kraft.
Wände werden Licht.
Letzte Schranken fallen.
Unendliche Ferne wird Nähe.
Bergende Hülle.
Weit schwingt die Seele aus:
Zuschauerin ihrer selbst.
Still steht die Zeit.
Kein Innen, kein Außen mehr:
nur Wesen —

Seltsames Erwachen...

Erleuchtung

In der offenen Mitte des Kreises treffen sich die Radien des Umkreises.
Auf der Kreislinie liegen die Ausgangspunkte weit auseinander.
Sie können Gegensätze sein.
Von der Mitte sind alle gleich weit entfernt.
Sie ergänzen einander zur Kreisfülle.
Sie verschmelzen im Mittelpunkt zur Einheit.

Diese Struktur des Kreises erscheint abstrakt.
Sie wirft aber Licht auf das Wesen der Erleuchtung.

Erleuchtung bedeutet Einfaltung der Fülle der Kreislinie in den Mittelpunkt.
Erleuchtung verwandelt die Struktur des Kreises.
Er wird zum Kreis, dessen Mittelpunkt überall, dessen Umfang nirgends ist.
Denn alles ist in allem enthalten.

Jeder Punkt der Schöpfung kann Brennpunkt des Universums sein.
Um wieviel mehr vermag der Mensch, das kleine Universum,
den Strahl der Erleuchtung aufblitzen zu lassen.

Dieses innere Licht erfährt seine Brechung nach der Eigenart des einzelnen.
Dadurch entsteht Vielfalt:
Es gibt die Erleuchtung des Herzens durch die Liebe.
Wir erfahren die Erleuchtung des Geistes in der Intuition der Schau.
Wir bewundern die Erleuchtung des Dichters, Musikers, Malers, Künstlers.
Erhaben wirkt die Erleuchtung des Heiligen, dem sich die Gottheit naht.

Der reiche Farbbogen der Erleuchtung
zeigt in der Vielfalt die Einheit ihres Ursprungs.
Dort verbirgt sich die Dauer im Wandel.

Nach Dauer sehnt sich, wer von Erleuchtung berührt ist.

Dauer im Wandel

Alles Irdische trägt den Stempel des Vergänglichen.
Es unterliegt dem Gesetz des Wandels.
Uns Menschen gehört nur der flüchtige Augenblick.
Oft sind wir unfähig, ihn zu füllen. Wir verpassen ihn,
weil wir von der Zukunft träumen oder an der Vergangenheit hängen.
Diese Zerstreuung belastet den Alltag.
In dieser Zerrissenheit entgleitet uns das Leben.
Wir werden mißmutig, traurig, unglücklich.

Wahres Leben überdauert die Zeiten.
Dauer im Wandel vermittelt Zeit und Ewigkeit, Ewigkeit und Zeit.

Für den Verwandlungsweg liegt dieser Kreuzungspunkt zentral.
In der Begegnung von Zeit und Ewigkeit
begegnen sich unser kleines Ich und unser wesenhaftes Sein.
Dies erschafft den gefüllten Augenblick.
Er ist überzeitlich. Er lebt vom Atem des Ewigen.

In der Vereinigung von Ich und Selbst
reift der Mensch zur Ganzheit seines Wesens.
Ihm öffnet sich die Schau der Erleuchtung.

Erleuchtung ist kein einmaliges Ereignis.
Erleuchtung setzt einen neuen Beginn.
Auch sie vollzieht sich in wachsenden Ringen.
Erst aus vielen Erleuchtungen reift der Erleuchtete.
Zwar lebt er weiterhin in Raum und Zeit.
Aber er gründet wesentlich im Ewigen.

Dies schenkt seinem Wandel die Dauer.
Dauer wird ihm zur Quelle strömender Fruchtbarkeit.

Fruchtbarkeit

Leibesfrucht ist die Ursehnsucht der Frau.
Leistung wertet den Mann.
Schöpferische Fruchtbarkeit bestimmt seinen Rang.
Er ist oft teuer erkauft.
Nicht selten verzehrt die Besessenheit des Schaffens
die Entfaltung zum vollen Menschsein.
Der steile Gipfel genialer Begabung hat seine geheimen Abgründe.
Nicht immer hält der Damm, der Genie und Wahnsinn trennt.

Tiefer als im Irdischen wurzelt Fruchtbarkeit im Ewigen.
Aus Vergangenheit, Zukunft und Gegenwart rundet sich die zeitlose Fülle.
Sie gleicht dem Prisma mit voller Lichtbrechung.
Die Quelle dieses Lichtes liegt nicht mehr im Außen.
Von innen erstrahlt ihr Glanz.

Dieser innere Reichtum schenkt Würde und Freiheit.
Der künstlerische Drang zur schöpferischen Tat ist hier verstummt.
Menschliche Maßstäbe verlieren in dieser Tiefe ihr Gewicht.
Sie greifen zu kurz, um dem Gesetz des wahren Seins gerecht zu werden.
Auf dem Verwandlungsweg formte das Tun das Sein.
Nun fließt das Tun aus dem Sein wie Wasser aus seiner Quelle.

Das Wasser möchte anschwellen zum Strom.
Er strebt zum Meer.
Das Meer spiegelt die Fülle.

Spiegel der Fülle

Fülle ist nicht nur eine Frage von Maß und Gewicht.
Die quantitative Fülle besetzt den niedrigsten Platz in der Rangordnung.
Das Raumvolumen bestimmt ihr Gesetz.

Organische Fülle unterliegt dem Wachsen und Reifen.
Die Ausformung zur Wesensgestalt setzt ihr das Ziel.

Beim Menschen teilt nur die leibliche Hülle
die materielle und zeitliche Begrenzung.
Seele und Geist bleiben zwar leibgebunden.
Ihr Eigensein schenkt ihnen jedoch unbegrenzte Entfaltung.
Selbst der Tod ist nur Übergang zu neuen Ufern.

Der zu seinem wahren Wesen erwachte Mensch
spiegelt die Fülle dieser Welt gerade dadurch,
daß er mehr ist als diese Welt.
Seine Erfüllung liegt jenseits von Raum und Zeit.
Die Fülle des Ewigen ist sein Ziel.
Sie ist die geheime Triebfeder seiner Verwandlung.

Das innere Licht durchleuchtet Werte und Unwerte des Weges.
Es bewirkt Umwertung.
Der Einstrom äußerer Fülle
verleiht dem inneren Licht die Farbbrechung zur bunten Fülle.
Beide Spiegelungen bewirken im gegenseitigen Durchdringen
eine Überblendung.

Welt, Mensch und Grund werden durch sie transparent.

Durchlichtung

Der menschliche Leib erhält seine Durchlichtung von der Kraft der Seele.
Sie nimmt dem Körper seine Dumpfheit.
Sie mildert den Druck der Erdenschwere.
Sie zähmt zügellose Eßlust und leidenschaftliches Triebverlangen.

Die Seele wandelt den Körper zum Bruder Leib.
Er dankt der Seele mit willigem Dienst.
So erfährt der Leib in der wachsenden Durchseelung
die ihm mögliche Erfüllung an Glück.

Die Seele bedarf zu ihrer Durchlichtung der Hilfe des Geistes.
Er klärt die dunklen Strömungen ihrer Gefühle.
Im Gefälle seelischer Stimmungen
sorgt der Geist für inneres Gleichgewicht.
Die Seele dankt dem Geiste mit der Herzenswärme ihrer Hingabe.
So erfährt sie in der wachsenden Vergeistigung
die mögliche Fülle ihres Glückes.

Auch der Geist ist nicht sein eigener Herr.
Der Geist bedarf der Inspiration göttlicher Offenbarung,
um sicher die Wesenswahrheit zu verwirklichen.
Er dankt, indem er nach den Spuren seines Schöpfers forscht.
Leuchten die Spuren auf,
so wird dem Geist die Welt transparent.

Durchlichtung löst nicht alle Fragen.
Der Geist muß erkennen,
daß alles Wissen in Nichtwissen umschlägt,
damit sich Wissen in Weisheit wandeln kann.
Sie macht demütig.

Nur Demut empfängt die Lichtzeichen des göttlichen Grundes.

Lichtzeichen des Grundes

Licht erfüllt ein gesundes Auge mit Freude.
Dem kranken Auge verursacht es Schmerz.
Ähnlich wirken die Lichtzeichen des Grundes:
Den Faulen scheuchen sie auf aus schläfriger Bequemlichkeit.
Den Gewalttätigen suchen sie heim mit Schrecken und Verwirrung.
Der Lieblose erfährt sie als nagenden Gewissensbiß.
Dem Habgierigen zerstören sie die Freude an gehorteten Schätzen.

Diese Bitterkeiten sind nicht Racheakte purer Gerechtigkeit.
Sie sind Gnadenerweise, die den Absturz in Abgründe verhindern.

Den Geläuterten formen die Lichtzeichen des Grundes auf andere Weise.
Sie füllen seine Seele mit Heiterkeit und Frieden.
Sein Feld irdischer Wünsche ist nun abgeerntet.
Es wird umgepflügt für die Saat, die bleibt.

Als Erleuchtung weisen die Lichtzeichen zurück auf den eigenen Ursprung.
Dieser unmittelbare Kontakt ähnelt dem Blitz in dunkler Nacht.
Mit ihm beginnt eine neue Wertordnung.
Kein Weg führt zurück ins Altgewohnte.

Zu sich selber erwacht,
erblickt der Mensch sein wahres Wesen.
Der Prozeß der Verwandlung hat die Mitte des Weges erreicht.
Um den Weg zu vollenden,
bedarf es einer zweiten Verwandlung.

Zweite Verwandlung

Viele verwechseln das eigene Wesen mit dem tragenden göttlichen Grund.
Sie gleichen dem Wanderer bei Nacht.
Für ihn ist der Mond das größte Licht am Himmel der Sterne.
Er kennt nicht die Sonne am hellichten Tag.

Wie der Mond sein Licht von der Sonne,
so empfängt unser Wesen sein Licht vom göttlichen Grund.
Nur der göttliche Grund leuchtet aus sich selbst.
Enthüllt er sich in der Spiegelung unseres Wesens,
so bleibt er zugleich verhüllte Offenbarung.

Kein sterbliches Auge erblickt den göttlichen Glanz ohne Schleier.
Nur in seinem Licht schauen wir das Licht.

Der göttliche Grund ist grundlos.
Um in ihm zu gründen, bedarf es einer zweiten Verwandlung.
Die erste Verwandlung befreit uns aus dem Bannkreis der Ichsucht.
Die zweite Verwandlung öffnet das Selbst für die Einigung mit dem Grund.
Am Tor zu dieser Einigung muß der Mensch
seine schwerste Prüfung bestehen.
Sie hat verschiedene Formen:
Der Mensch wird seiner spirituellen Schätze beraubt.
Sein Leib wird oft belastet mit Krankheit.
Seine Seele verliert ihren Frieden.
Das Licht des Glaubens verdüstert sich.
Verleumdung und Ehrabschneidung schmerzen.
Freunde werden zu Gegnern.
Skrupel schüren die Angst, alles sei verloren.
In dieser Verlassenheit stirbt der Mensch seinen geistigen Tod.
Alle Reste von Selbstsucht verbrennen in diesem Läuterungsfeuer.

Nach diesem Karfreitag aber tagt der Ostermorgen eines neuen Lebens.

Sein Siegel heißt: Einigung.

Einigung

Lieben sich zwei Menschen, so werden sie ein Fleisch.
Reift ihre Liebe, so werden sie ein Herz und eine Seele.

Wer Gott liebt, der wird mit Gott ein Geist.
Des Menschen Geist und Gottes Geist durchdringen sich
wie Eisen und Flamme, wie Holz und Feuer, wie Glas und Licht.

Sind wir verwandelt in den göttlichen Grund,
so teilt er sich uns mit.
Er wird zum Leben unseres Lebens.
Sein Atem atmet in unserer Seele.
Seine Liebe liebt in unserer Brust.
Sein Erkennen leuchtet in unserem Geist.
Sein schöpferisches Tun bestimmt unsere Tat.

Nun leben wir mehr im Ewigen als im Irdischen.
Alles wird einfach und tief. Es genügt,
hellwach sich dem Augenblick zu schenken:
wunschlos, absichtslos, frei.

Die Rätsel unseres irdischen Daseins lösen sich
wie Nebel im Strahl der Sonne.
Ausgesöhnt mit den Schicksalsschlägen des Lebens,
erfahren wir jetzt:
Dem Liebenden gereicht alles zum Besten.
Der Prozeß der Verwandlung scheint am Ziel.
Aber der Weg öffnet sich zu neuem Wachstum.
Nun gilt es, aus der Kraft der Vereinigung
als Bürger zweier Welten zu leben.

Bürger zweier Welten

Der erste Kreislauf der Verwandlung wirkt unsere Vergöttlichung.
Der nun beginnende zweite Kreislauf zielt auf eine Doppelexistenz.
Sie überspannt beide Ufer menschlichen Daseins:
das Ufer der Zeitlichkeit und das Ufer der Ewigkeit.

Nun nimmt uns die göttliche Liebesbewegung auf in ihre eigene Dynamik.
Der göttliche Grund ist die verborgen-tragende Mitte jeden Seins.
Er ist absolut einfach.
Er umfaßt jedes einzelne Geschöpf mit ungeteilter Liebe,
als sei es das einzige Geschöpf auf der Welt.

Dennoch bleibt der göttliche Grund frei und unvermischt.
Er ist allem Sein näher als dieses Sein sich je sein könnte.
Zugleich liegt der Grund jenseits allen Seins.

Dieses Gesetz göttlichen Lebens
wird nun zum Vorbild des verwandelten Menschen.
Es formt ihn zum Bürger zweier Welten.

Der verwandelte Mensch erkennt als Bürger zweier Welten
das Gesetz aller Welten.
Es heißt:
IN LIEBE ALLEM DIENEN.

Dienst der Liebe

Menschliche Liebe reift in drei Formen.
Sie umarmt den Geliebten, um selber beglückt zu werden.
Der Geliebte wird verzweckt.
Dadurch bleibt die ichbezogene Liebe gebunden.

In der zweiten Phase liebt die Liebe den Geliebten um seinetwillen.
Sie wird selig, weil sie glücklich machen darf.
Dadurch wird sie frei.

In der dritten Form liebt die Liebe absichtslos.
Sie quillt hervor aus dem Jungbrunnen selbstloser Güte.
Dadurch wird sie unverwundbar.

Göttliche Liebe teilt sich mit als schöpferische Kraft.
Dadurch entstehen Welten.
Der Ausfluß göttlicher Liebe mindert nicht den innergöttlichen Reichtum.
Von ihm lebt alles Geschaffene.

Vergöttlicht-menschliche Liebe
lebt aus der göttlichen Liebesquelle in bevorzugter Weise.
Ihr tiefstes Wesen trägt als Abbild die Züge des göttlichen Urbildes.
Dadurch verstärkt sich der Dienst der Liebe in seiner Tiefe und Weite.

Im göttlichen Grund werden alle Dimensionen einbezogen:
die Umwelt in Pflanze und Tier;
die Mitwelt der Menschen aller Rassen, Kulturen, Religionen;
die Unterwelt jenseitiger Läuterungen;
die Überwelt des Paradieses und der Himmel.

Der Dienst der Liebe findet weder Grenze noch Ende.
Ihre volle Verwirklichung
formt die Schöpfung um zur neuen Erde und zum neuen Himmel.

Dort wird Gott sein: alles in allem.

Impressionen

Die Bilder von Frau Zipperle haben ihre eigene Sprache und sprechen zu jedem auf verschiedene Weise. Dennoch lassen sich einige Erfahrungen mitteilen, die überraschend gemeinsame Empfindungen ausdrücken. Immer wieder äußern Betrachter der Bilder spontan, daß sie sich vor allem seelisch angesprochen fühlen. Es scheint etwas von den Bildern auszugehen, das bestimmte Stimmungen weckt: Stimmungen der Freude, der Beruhigung, der Heiterkeit. Die Ausstrahlung wirkt sich vor allem atmosphäreschaffend aus. Manche fühlen eine ordnende Kraft in sich einströmen. Einige sprechen sogar von heilenden Kräften, die auf sie überströmen. Die seelische Schwingung wird vermittelt über verschiedene Strukturen. Sie kennzeichnen zugleich die eigenen Entwicklungsphasen der Künstlerin.

Ihr künstlerisches Schaffen beginnt bereits mit einer Synthese. Kreuz und Auferstehung durchdringen sich zur Einheit in kosmischer Fülle. Das Kreuzmotiv entfaltet sich in Variationen. In ihnen verschmelzen Ornamente mit Mandalaformen.

Eine zweite Strukturreihe bevorzugt die kristalline Gestalt. Sie wechselt über in die lebendige Transparenz von Naturbildern. Seespiegelungen im Sonnenlicht, Blumenarrangements und Naturausschnitte überraschen immer wieder durch ihre Mischung von abstrakt-konkreter Formgebung. Diese Mischung erhält ihre unverwechselbare Eigenart von einer seltsamen Durchlichtung. Überall bricht in den Bildern ein geheimnisvoller Lichtgrund auf. Er läßt die Innenseite der Dinge durchstrahlen. Alles wird transparent.

Der Betrachter wird selber miteinbezogen in eine Strahlung von Harmonie, Freude und Frieden. Diese Strahlung sammelt ohne Anstrengung. Im schauenden Verweilen erschließt sich der Formenreichtum dieser Leinenfresken. Wenn man mit ihnen zu leben beginnt, erfährt man ihre befreiende und verwandelnde Kraft. So werden diese Bilder eine spirituelle Lebenshilfe.

Prof. Dr. Joseph Zapf

Kassetten zum spirituellen Themenkreis von Prof. Dr. J. Zapf sowie Kunstkarten und signierte Lithographien von Frau Zipperle sind — soweit der Vorrat reicht — erhältlich bei: Frau Margret Neff, Bauvereinstraße 39, 8500 Nürnberg 20.

Impressionen zu den Bildern von Rosina Zipperle „Aus der Stille die ordnende Kraft"

In seiner Ansprache an die Künstler und Publizisten im Herkules-Saal in München fragte Papst Johannes II.: „Verarmt nicht die Kunst... wenn sie auf die Wirklichkeit verzichtet, die durch die Kirche repräsentiert wird?"

In der Tat zeigt sich dem etwas distanzierten Beobachter seit längerer Zeit so etwas wie eine allgemeine Stagnation im Bereich des modernen Kunstschaffens, dessen Inhalte inzwischen fast ausschließlich profaner Art geworden sind. Die großen Impulse, die wirklich neuen Richtungen, scheinen zu fehlen. Oder vielleicht doch nicht? Zeigen sich — ähnlich dem wiedererwachenden Interesse der Jugend an der religiösen Dimension des Lebens — auch in der Kunst Ansätze für das Wiedergewahrwerden jener anderen Wirklichkeit, auf die — nach den Papstworten — die Kirche hinweist?

Das Wirken der jungen, in Sankt Augustin ansässigen Künstlerin Rosina Zipperle ließe u. a. darauf hindeuten, daß sich tatsächlich eine solche Entwicklung anbahnen könnte.

Rosina Zipperle, in Südtirol geboren, hat sich schon sehr früh und sehr bewußt als mit einer tiefen Gläubigkeit und Frömmigkeit begnadet erlebt...

Wenn es für viele Menschen heute zu einem Kunststück geworden ist, ihr Leben erfüllt zu leben oder auch nur zu bewältigen, so ist Rosina Zipperles Sensibilität und Kreativität, kurz, der innere Reichtum, aus dem sie ihr Leben und ihre Kunst gestaltet, vielleicht ihr größtes Talent. Als Mitarbeiterin bei Meditationskursen und regelmäßig Meditierende lebt sie ständig im Bewußtsein jener verborgenen Wirklichkeit in und um uns, die sie ihren Mitmenschen transparent machen möchte... Ihre Bilder — die sie mit einer von ihr selbst entwickelten Technik einer Mischfarbe auf Leinen gestaltet — sind von einer fast nicht mehr zu steigernden Geistigkeit. Ihre Themenkreise sind Bilder mit seelisch-geistigem Inhalt, Meditationsbilder (Mandalas), Märchenbilder, Traumerlebnisse, Naturaussagen, Altar- und archetypische Bilder.

Lydia Strzebniok

Die Künsterin greift die reiche Tradition des Ostens auf und füllt sie kreativ mit neuem Leben. Die ursprünglich fest umschriebene Ordnung eines Mandala mit seinen objektiv vorgegebenen Inhalten weicht der Gestaltungskraft des göttlichen Lichtgrundes selbst. Das erklärt die außerordentliche Tranzparenz der Darstellung, als deren sinngebende Mitte das Lichtkreuz aufscheint, Symbol der gekreuzigten Liebe, die das Dunkel dieser Welt vom innersten Kern her verwandelt und in die Lichtflut göttlichen Lebens taucht. Daher üben diese Bilder über die traditionelle Rolle des Mandala als Konzentrations- und Meditationshilfe hinaus von sich aus einen aktiven Einfluß auf den Betrachter aus. Sie wecken die heilenden und belebenden Kräfte des Herzens und vermitteln ein Stück von dem tiefen Frieden und der lichten Harmonie, die sie entstehen ließen.

Franz Josef Lerch

Ihre Bilder sind:

Träume, die sich schwingend erheben,
schwebend und federnd im unendlichen All.

Tautropfen, die sich bilden in der Morgenfrühe,
erfrischend und labend der Seele Mattigkeit.

Tränen, die niederfallen in die Wunden des Herzens,
lösend und heilend den großen Schmerz.

Lieder, gesungen am Abend, abwerfend des Tages Last,
bereitend zur Stille und Ruhe.

Sinfonien, in Dur und Moll, gefüllt mit der Töne
wechselndem Klang, auseinanderstrebend,
sich findend in der Harmonie wundervollem Ausdruck.

Tänze, die ausschwingen in belebendem Rhythmus,
voll Anmut, Frohsinn und Heiterkeit.

Freude, die zeugt von der Freude am Dasein der Welt,
am schöpferischen Tun der Welt,
innere Freude aus der Tiefe des Seins.

Lichter, tanzend auf wogenden Wellen,
spiegelnd des Mächtigen herrlichen Glanz.

Spiele der schaffenden Kräfte, die, in Entfaltung gedrängt,
wechselnd im Auf und Ab, im Mehr und Weniger,
emporstreben zum ewigen Einswerden
mit dem Seinsgut des Lebens.

Ordnung in vielfältiger Form, verkündend das
endlose Gesetz der großen Einheit.

Früchte des Lebens, wartend auf ihre Erfüllung,
Zeichen des *Wir*, die hoffen auf die
Vollendung im Herrn.

Anneliese Grams

Im Verlag Via Nova erschienen

Barbara Schenkbier
Das Geheimnis der Quelle
144 Seiten, gebunden
12 farbige ganzseitige Illustrationen
und 24 Zeichnungen
ISBN 3-9801787-0-6

36,00 DM

Gérard Blitz
Der Yogaweg des Patanjali
96 Seiten, gebunden
2 Zeichnungen
ISBN 3-9801787-3-0

24,80 DM

Barbara Schenkbier ist es in ihrem Buch „Das Geheimnis der Quelle" gelungen, in Märchenform tiefe Lebensweisheiten und die wichtigsten Stufen des Yoga-Weges zu beschreiben.

Die Natur in ihrer Vielfalt wird zum Sprachrohr der geistigen Welt. Naturkräfte, Blumen, Tiere und Naturwesen lehren wichtige Hatha-Yogahaltungen, die auch in Abbildungen am Schluß des Buches dargestellt werden.

Der Leser lernt die wesentlichen Grundgesetze des Daseins, eine gesunde Lebensweise und Wege zu einem glücklichen, erfüllten Leben kennen. Er erfährt bedeutende Weisheiten der Yoga-Philosophie, und es werden ihm die großen traditionellen Yogawege aufgezeigt.

Das Märchen ist ganz durchwoben von zarter Poesie, überraschenden Ideen, tiefgründigen Erkenntnissen, geistigen Impulsen und spiritueller Kraft.

Das Buch unterhält nicht nur, es belehrt und regt an, die Weisheit des göttlichen Lebens selbst zu entdecken. Es gibt Antworten auf viele Fragen, vermittelt Lebenshilfen und führt zum Lebenssinn. Es begleitet den Leser auf seinem eigenen Weg und motiviert ihn, das Geheimnis der Quelle selbst zu ergründen.

Gérard Blitz, der große europäische Yogalehrer, weit über die Grenzen Frankreichs bekannt, Begründer der Europäischen Yoga-Union, hat aus seinem großen Erfahrungsschatz heraus in verdichteter Form und leicht verständlicher Sprache auf der Grundlage der Sutraś (Lehrsätze) von Patanjali den Yogaweg dargestellt.

Der Verfasser beschreibt sehr genau und tiefgründig die Grundregeln eines richtig durchgeführten Hatha Yoga sowie die wichtigsten körperlichen, seelischen und feinstofflichen Wirkungen der Asanas und Pranayamas. Er macht dem Leser bewußt, was die Yogahaltungen wirklich bedeuten können, und zeigt auf, wie die Zerstreuung durch Prana in Sammlung und Konzentration umgewandelt werden kann.

Hatha Yoga, so wie ihn Gérard Blitz lehrt, führt auf ganz natürliche Weise zu den geistigen Grundhaltungen, die Patanjali an den Beginn seines Weges stellt, zur Meditation und zur Wandlung des Bewußtseins.

Er setzt in diesem Buch Wegzeichen, gibt die Richtung an, beschreibt die Hindernisse und deren Überwindung, vermittelt tiefe Einsichten, stellt immer wieder das große Ziel vor Augen und regt den Leser an, die weite unbekannte Welt des Yoga zu entdecken.

Werner Vogel
Durchbruch ins Licht
48 Seiten, gebunden
12 farbige ganzseitige Fotos
ISBN 3-9801787-6-5
19,80 DM

Roger Clerc
Grundlagen des Yoga der Energie
160 Seiten, gebunden, 126 Zeichnungen,
1 Übungsplakat
ISBN 3-9801787-7-3
34,00 DM

Menschen,
die von Sorgen, Ängsten, Nöten und Leiden bedrängt sind, werden in diesen Gedichten wieder das Licht der Hoffnung und der Zuversicht erfahren.

Menschen,
die nach Selbsterkenntnis und Höherentwicklung streben, werden in diesem Gedichtbändchen einen hilfreichen, lichtvollen Wegbegleiter finden.

Menschen,
die die Liebe als alles verwandelnde göttliche Kraft leben möchten und Sehnsucht haben nach dem erlösenden Christuslicht, erhalten in diesen Versen neue Impulse und mutmachende Wegweisung.

Beeindruckend schöne Farbfotos, vom Verfasser selbst fotografiert, verstärken die lichtvollen Aussagen der Gedichte. Die Verse eignen sich sehr gut zur Meditation. Wenn die in den Gedichten ausgesprochenen Lebensgesetze und Weisheiten verinnerlicht werden, dann verwandeln sie das Leben zum Lichte hin.

Roger Clerc, der berühmte Begründer des Yoga der Energie, hat die Summe seiner jahrzehntelangen Yogaerfahrung als Übender und als intuitiv begnadeter Yogalehrer in diesem Meisterwerk niedergeschrieben.

Es geht dem Verfasser in seinem Buch vor allem darum, einen elementaren Yogaunterricht zu beschreiben, der dem von Streß und Überforderung geplagten Menschen unserer Zeit hilft, gesünder zu werden, Energieblockaden aufzuheben, sich besser entspannen zu können, Zerstreuungen zu überwinden, um tatkräftiger zu sein und um mehr Lebensfreude zu erhalten.

Ob der Autor die Grundregeln richtigen Übens, die Bedeutung der Atmung und der Entspannung oder einzelne Grundhaltungen des klassischen Yoga beschreibt, immer wird dem Yogaübenden ein tieferes Verstehen des Yogaweges vermittelt.

Höhepunkt des Buches ist die ausführliche Darstellung der 18 vorbereitenden Bewegungen des Yoga der Energie, deren ausgleichende Kraft zu einer harmonischen Vibration führt, Energie freisetzt, der Entwicklung der Sensibilität dient, Gesundheit und persönliche Ausstrahlung bewirkt.

vianova

Verlag VIA NOVA, Neißer Straße 9, 6415 Petersberg